Colección Cervantes

MARKETING PARA ESCRITORES: CONVIERTE TUS LIBROS
EN *BESTSELLERS*. MANUAL PRÁCTICO

serie **Manuales Prácticos**

La serie de Manuales Prácticos aporta una selección de textos monográficos, ágiles y dinámicos en su presentación, de gran utilidad para el estudiante, tanto en los temas lingüísticos como en otros asuntos de interés, como el lenguaje periodístico, el lenguaje jurídico y la interpretación actoral.

MARKETING PARA ESCRITORES: CONVIERTE TUS LIBROS EN *BESTSELLERS*. MANUAL PRÁCTICO

ISMAEL MARTÍ

SERIE MANUALES PRÁCTICOS

EDITORIAL **VERBUM**

© Ismael Martí, 2025
© Diseño de portada: Iván García
© De esta edición: Editorial Verbum, 2025

Tr.ª Sierra de Gata, 5
La Poveda (Arganda del Rey)
28500 - Madrid
Teléf.: (+34) 910 46 54 33
e-mail: info@editorialverbum.es
https://editorialverbum.es

I.S.B.N.: 978-84-1136-908-4

Diseño de colección: Origen Gráfico, S. L.
Preimpresión: Adrians Esquivel Romero
Printed in Spain / Impreso en España

Este libro ha sido
impreso con papel
ecológico procedente
de bosques sostenibles.

ÍNDICE

Prólogo

La escritura de un libro es un viaje profundamente personal y creativo. Para muchos autores, el proceso de plasmar ideas, sueños y experiencias en palabras constituye el núcleo mismo de su vocación y hasta de sus vidas. Sin embargo, este camino no culmina al escribir "Fin" en la última página del manuscrito. Tal como señaló Stephen King: "Escribir no es cuestión de ganar dinero, hacerse famoso, ligar o hacer amigos. Al final, se trata de enriquecerte a ti mismo". Pero, para compartir esa riqueza interior con el mundo, los autores deben enfrentar un desafío que, en muchos casos, resulta tan crucial como la escritura misma: el marketing literario.

Para ayudarte en esta difícil tarea hemos concebido esta guía diseñada con el objetivo de explorar contigo el fascinante y necesario mundo del marketing aplicado a la escritura. Si formas parte de quienes creen que un buen libro se venderá por sí solo, permíteme decirte que esa visión romántica, aunque poética, está desfasada en la era digital. Hoy, el marketing se erige como el puente esencial entre tu obra y tus lectores, una herramienta imprescindible para convertir una historia escrita en una experiencia compartida.

J.K. Rowling, antes de alcanzar su espectacular éxito, dedicó horas y días a promover su trabajo, tocando puertas de editoriales, asistiendo a eventos literarios y entendiendo el valor de las relaciones públicas. El marketing literario no es solo un medio para aumentar ventas, es la manera de conectar emocionalmente con quienes más apreciarán tu trabajo: los lectores.

Nunca antes en la historia de la literatura había sido tan sencillo publicar un libro, pero tampoco nunca había sido tan difícil destacar entre la multitud. En la era digital, donde miles de títulos ven la luz cada día, la competencia es abrumadora. El reto para cualquier escritor no solo radica en escribir una obra memorable, sino en encontrar estrategias efectivas para que su voz sea escuchada entre el bullicio.

Para la popular escritora Margaret Atwood, el marketing no es un concepto prohibido. En una entrevista, comentó: "La escritura es una actividad solitaria, pero vender un libro es un trabajo en equipo". Ese equipo incluye, sin duda, al propio autor, quien en la actualidad desempeña un papel más activo en la promoción de su obra. Plataformas como Amazon, Goodreads, Instagram y YouTube han transformado la forma en que los lectores descubren libros. Por otra parte, tú, como autor, tienes acceso a herramientas que pueden catapultar tu carrera si las utilizas con estrategia y creatividad.

Ejemplos como el de Amanda Hocking, una autora desconocida que en 2007 decidió autopublicar sus novelas en Amazon, son inspiradores. Con una promoción constante en redes sociales y blogs, Hocking vendió más de un millón de copias en cuestión de meses, demostrando que un enfoque inteligente de marketing puede convertir a un escritor independiente en un fenómeno literario.

Esto no se limita únicamente a los escritores autopublicados. Elizabeth Gilbert, autora de *Comer, rezar, amar* ha hablado sobre la importancia del marketing en su carrera. Según ella: "la historia puede ser lo más importante, pero necesita que la gente la conozca para cobrar vida". Así, el marketing no es simplemente una herramienta para "vender", sino el arte de contar una historia convincente sobre por qué tu libro merece ser leído. Es, en esencia, el arte de hacer visible tu pasión.

Este manual ha sido concebido como una guía práctica que te acompañará paso a paso en el apasionante mundo del marketing literario. No importa si eres un autor debutante o si ya tienes varias publicaciones en tu haber, aquí encontrarás herramientas, consejos y ejemplos que te ayudarán a conectar con un público más amplio.

Nuestra intención no es abrumarte con teorías complicadas, sino ofrecerte un enfoque accesible y práctico, basado sobre experiencias tanto de autores consagrados como de escritores que, desde el anonimato, lograron el éxito gracias a estrategias ingeniosas.

Cada capítulo profundiza en aspectos clave como la construcción de tu marca personal, la gestión eficaz de redes sociales, el lanzamiento de un libro y el uso de la publicidad pagada. Al final de cada sección, encontrarás ejercicios prácticos que te permitirán aplicar lo aprendido de forma inmediata. Porque, como dice Seth Godin, uno de los referentes del marketing moderno: "El marketing no es una batalla, sino un jardín que necesitas cultivar". La constancia, la autenticidad y la conexión con tu audiencia son ingredientes esenciales en esta fórmula.

Maxwell Perkins, el legendario editor que descubrió a autores como F. Scott Fitzgerald y Ernest Hemingway, creía firmemente que "los libros no se venden solos". Su labor no se limitaba a pulir manuscritos brillantes, sino también a diseñar estrategias para conectar esas obras con los lectores adecuados. Este manual se inspira en ese espíritu cimentado por editores legendarios y busca ayudarte a trazar tu propio camino hacia el éxito.

Aquí no solo encontrarás métodos y herramientas, sino también anécdotas y lecciones de otros autores que, como tú, alguna vez se preguntaron cómo lograr que sus libros llegaran a las manos correctas. Este libro está diseñado para ser tu compañero en el viaje: desde la planificación de tu estrategia de marketing hasta su implementación.

Te invito a sumergirte en estas páginas con una mente abierta, un espíritu dispuesto y la determinación de hacer que tu libro no solo se escriba, sino que también se lea y se valore como merece.

Bienvenido a la aventura del marketing literario.

Capítulo 1: Fundamentos del marketing para escritores

1.1 ¿Qué es el marketing literario y por qué lo necesitas?

El marketing literario, a menudo subestimado, es el proceso mediante el cual un autor da a conocer su obra a un público más amplio. No se trata solo de "vender libros", sino de *establecer conexiones emocionales y personales con los lectores*, invitándolos a sumergirse en el mundo que has creado. Como bien expresó Ray Bradbury: "tú no tienes que quemar libros para destruir una cultura. Solo tienes que hacer que la gente deje de leerlos". El marketing literario existe para asegurarse de que tus libros encuentren su lugar en el mundo, en lugar de quedar relegados al olvido.

En un mercado saturado de títulos, el marketing es la herramienta clave que permite a los autores *destacar entre la multitud*. Un excelente ejemplo de esto es el caso de George R.R. Martin. Antes de que *Juego de Tronos* se convirtiera en un fenómeno mundial, Martin trabajaba activamente en la promoción de su saga en convenciones, foros y redes sociales. Su esfuerzo personal por mantener una conexión directa con los lectores potenciales de su obra creó una base de fanáticos leales que, eventualmente, impulsaron el éxito masivo de la serie.

El marketing literario es más que un conjunto de tácticas para vender libros. Es la manera en la que te comunicas con el mundo sobre tu obra, tu visión, y el valor que aportas como escritor. Escribió Neil Gaiman: "el mundo siempre parece estar lleno de historias que esperan ser contadas". Sin embargo, el reto está en asegurarte de que tu historia sea escuchada, llame la atención y se convierta en una lectura. Y, para eso, necesitas el marketing literario.

1.2 Entender a tu audiencia: quiénes son tus lectores ideales

Antes de lanzar una campaña de marketing, el primer paso es *conocer a tu audiencia*. ¿Para quién escribes? ¿Quiénes son los lectores potenciales que disfrutarán y valorarán tus historias? El famoso autor de terror Stephen King lo explicó de forma simple: "Escribir es seducir. Pero, ¿a quién?". Si no tienes claro a quién te diriges, difícilmente podrás atraer a los lectores adecuados.

Un error común entre los escritores es intentar abarcar un público demasiado amplio. Sin embargo, cuanto más específico seas a la hora de definir a tu lector ideal, más efectivo será tu mensaje. Margaret Atwood, en una charla para escritores jóvenes, contó cómo comenzó a escribir *El cuento de la criada* pensando en un público muy específico: lectores interesados en la distopía y la crítica social. Atwood sabía a quién hablaba y eso le permitió desarrollar una obra interesante para ese público.

Para entender a tu audiencia, pregúntate:
- ¿Qué les gusta leer?
- ¿Qué problemas enfrentan en su día a día que tu libro podría ayudarles a resolver, ya sea a través de entretenimiento, conocimiento o inspiración?
- ¿En qué medios sociales se encuentran?

Cuanto más conozcas a tu público, mejor podrás adaptar tu mensaje y hacer que tu libro resuene con ellos. John Green, autor de *Bajo la misma estrella*, utilizó su propio canal de YouTube para conectar con una comunidad de jóvenes lectores antes de que su libro se convirtiera en un best-seller. Este enfoque directo y personal con su audiencia fue clave en su éxito.

1.3 La importancia del posicionamiento: ¿qué te hace diferente como autor?

En un mercado literario saturado, es vital que como autor encuentres tu propuesta única de valor. El posicionamiento consiste en entender qué es lo que te hace único y cómo destacas en comparación con otros autores. Ernest Hemingway, por ejemplo, era conocido por su estilo directo y conciso, lo que lo diferenciaba de otros escritores de su época. Su enfoque en la simplicidad y el realismo lo posicionó como una voz única, que sigue siendo venerada hoy en día.

La clave para un buen posicionamiento es entender qué aspectos de tu obra y de tu estilo te hacen especial. ¿Tu forma de contar historias está llena de giros inesperados? ¿Ofreces una perspectiva cultural distinta? ¿Tienes una habilidad particular para crear personajes inolvidables? El posicionamiento es la respuesta a la pregunta: *¿por qué deberían los lectores elegir tu libro y no el de otro autor?*

J.K. Rowling, cuando presentó *Harry Potter* a las editoriales, no solo vendía una historia de magia, vendía un universo completo lleno de personajes y aventuras que ofrecía una experiencia única a los lectores jóvenes. Su posicionamiento fue claro: una historia accesible para todas las edades, pero con una profundidad que cautivaba tanto a niños como a adultos.

1.4 El concepto de marca personal para escritores

La *marca personal* es la representación de quién eres como escritor, más allá de tus libros. En la actualidad, el éxito de un autor no solo depende de sus obras, sino de la imagen pública que proyecta. Como señala el editor Peter Osnos: "el autor es, hoy más que nunca, una figura pública".

El concepto de marca personal implica desarrollar una identidad coherente que conecte emocionalmente con tus lectores. Piensa en Haruki Murakami, cuya personalidad y estilo de vida excéntrico se ha convertido en parte esencial de su imagen como autor. Su marca no solo se basa sobre sus novelas existencialistas y un tanto surrealistas, sino en el aura de misterio y creatividad que lo rodea.

La marca personal no se construye de la noche a la mañana, pero es esencial que sea auténtica. Los lectores actuales buscan algo más que una buena historia: quieren conocer al autor detrás de las palabras.

Un ejemplo claro es el del escritor Paulo Coelho, quien utiliza sus redes sociales para compartir pensamientos y fragmentos de su vida diaria. Esta cercanía le ha permitido construir una comunidad leal de seguidores que valoran tanto su obra como su personalidad.

Desarrollar tu marca personal como escritor implica:
- Tener una *presencia coherente* en redes sociales y medios *online*.
- Mostrar tu *proceso creativo*, tus reflexiones y tus inspiraciones.
- Mantener *un tono y estilo propios* que sean reconocibles.

La clave de la marca personal es ser fiel a ti mismo, pero también ser consciente de cómo proyectas esa autenticidad. Los autores que han logrado construir una marca personal sólida, como Gabriel García Márquez, Jorge Luis Borges, Neil Gaiman o Isabel Allende, han sabido equilibrar la cercanía con su audiencia y el valor de su obra, creando una relación perdurable con sus lectores.

Capítulo 2: Preparación antes del lanzamiento

2.1 Crea una estrategia de marketing para tu libro

El éxito de un libro no depende solo de su contenido, sino de la estrategia que rodea su lanzamiento. Crear una estrategia de marketing bien estructurada te permitirá organizar y priorizar cada paso del proceso. Philip Kotler, uno de los padres del marketing moderno, nos recuerda que "el marketing es el arte de crear valor y ayudar a que las personas lo descubran". En este sentido, tu libro tiene un valor intrínseco que necesita ser descubierto por los lectores correctos, y para lograrlo, debes tener una hoja de ruta clara.

Al planificar tu estrategia, comienza por definir:

- **Tu público objetivo**: Como vimos en el capítulo anterior, conocer a tu audiencia es clave. En esta etapa, profundiza más en sus intereses, sus hábitos de lectura y en los lugares donde suelen buscar recomendaciones.
- **Canales de promoción**: Decide dónde y cómo vas a comunicarte con tu audiencia. ¿Te centrarás en redes sociales? ¿Harás presentaciones en librerías o ferias del libro?
- **Calendario de actividades**: Organiza un cronograma que abarque todo, desde la creación de expectativa antes del lanzamiento hasta las actividades posteriores. Harper Lee, autora de *Matar a un ruiseñor*, aprovechó las entrevistas en medios y eventos para generar anticipación, un paso que ayudó a consolidar su éxito y crear interés en su libro.

Una estrategia efectiva es aquella que *equilibra el tiempo, los recursos y las oportunidades* disponibles para maximizar la visibilidad de tu libro.

2.2 Diseño de una portada atractiva y profesional

Aunque el dicho popular nos aconseja no juzgar un libro por su portada, la realidad es que muchos lectores lo hacen. Una portada bien diseñada no solo debe ser estéticamente agradable, sino que también debe *transmitir la esencia de tu libro* de manera clara y atractiva. Chip Kidd, uno de los diseñadores de portadas más famosos del mundo, afirma que "el diseño de la portada de un libro es como un preludio. Tiene que insinuar lo que se encuentra dentro, pero también tiene que ser seductor".

El diseño de la portada no es una tarea que debas subestimar. Muchos autores independientes han invertido en portadas poco profesionales y han visto cómo sus libros, a pesar de tener contenido de calidad, pasan desapercibidos. El diseño visual es tu primera oportunidad de marketing, ya que será lo primero que el lector vea al buscar un nuevo libro en una librería o tienda en línea.

Considera trabajar con un diseñador gráfico profesional, especialmente si no tienes experiencia en diseño. Neil Gaiman mencionó en una ocasión cómo la colaboración con diseñadores talentosos para sus libros no solo mejoró la estética, sino también la percepción general de su obra.

2.3 Escribir una sinopsis irresistible: cómo captar el interés del lector

La sinopsis es otro elemento clave de tu estrategia de marketing. Su propósito es *capturar la atención del lector y despertar su curiosidad* en pocas líneas. Es un arte en sí misma: debe decir lo suficiente para atraer al lector, pero sin revelar demasiado.

Escribir una buena sinopsis implica responder a las preguntas centrales de tu historia: ¿De qué trata? ¿Qué conflicto se presenta? ¿Qué emociones o experiencias puede esperar el lector? Sin embargo, también debe ser intrigante, como una *promesa de una experiencia literaria única*.

Como dijo Ernest Hemingway: "Lo más esencial en una historia es siempre lo que no se dice". La sinopsis debe invitar al lector a descubrir esas capas que están ocultas entre las páginas. Puedes asesorarte sobre cómo escribir la mejor sinopsis, incluso utilizar herramientas como la Inteligencia Artificial (IA) para hacer un primer borrador sobre el cual trabajar la versión definitiva de la nota de contra del libro.

Un ejemplo perfecto de sinopsis efectiva es la de *El código Da Vinci* de Dan Brown. En solo unas pocas frases, la sinopsis logró plantear el misterio y la urgencia que llevan a los lectores a comprar el libro. Si analizamos casos como este, podemos observar que la clave está en *resaltar el conflicto central* y dar una pequeña muestra de lo que está en juego, sin revelar todos los detalles, sin contar demasiado pero intrigando al lector potencial.

2.4 Corrección y edición: el papel de la calidad en el marketing

Uno de los aspectos más importantes, y a menudo pasado por alto, es la calidad del producto final. Gabriel García Márquez solía decir que "un escritor nunca termina su libro, solo lo abandona". Esto nos recuerda que el proceso de revisión y edición es continuo y necesario hasta que finalmente decidimos que el libro está listo para ser compartido con los lectores.

La corrección y edición no son solo cuestiones de ortografía o gramática, sino de *coherencia narrativa, estructura y estilo.* Si un lector compra tu libro y encuentra errores o inconsistencias, tu credibilidad como autor se verá afectada. La calidad es parte del marketing porque una obra bien editada genera confianza y aumenta las probabilidades de que un lector recomiende el libro.

Contratar a un buen corrector y a un editor profesional no es un gasto inútil, sino una inversión a largo plazo en la percepción de calidad de tu obra. Grandes autores como J.R.R. Tolkien trabajaron codo a codo con editores durante años para pulir sus manuscritos, asegurándose de que cada palabra, cada capítulo, fluya de la mejor manera posible. El trabajo de mesa es fundamental antes de dar una obra por acabada.

2.5 Definir objetivos: ventas, visibilidad o crecimiento de la comunidad

Antes de comenzar tu campaña de marketing, es importante que te preguntes: ¿qué quieres lograr? Definir objetivos claros te ayudará a concentrar tus esfuerzos de manera efectiva.

Los tres objetivos principales que puedes perseguir son:
- **Ventas**: Si tu principal objetivo es aumentar las ventas, tus esfuerzos deben enfocarse en la publicidad, promociones y la distribución en tiendas físicas y *online.* Los autores Stephen King y James Patterson, por ejemplo, dominan este enfoque,

utilizando su reputación y campañas publicitarias intensivas para impulsar las ventas globales.

- **Visibilidad**: Tal vez no estés enfocado solo en vender, sino en *aumentar tu presencia* en el mundo literario. Este enfoque puede incluir participar en eventos, ferias del libro, hablar en conferencias, colaborar con *influencers* o realizar promociones cruzadas con otros autores. Rupi Kaur, autora y poeta, logró una gran visibilidad a través de redes sociales, especialmente en Instagram, antes de que su libro se convirtiera en un éxito de ventas.

- **Crecimiento de la comunidad**: Para algunos autores, *fomentar una comunidad de lectores fieles* es más valioso que las ventas inmediatas. Crear un grupo de seguidores leales que promocionen tus libros de manera orgánica puede ser una estrategia a largo plazo más sostenible. Ejemplos de autores que han cultivado comunidades fuertes son Brandon Sanderson o Blue Jeans, que es el seudónimo del escritor español Francisco de Paula Fernández. Estos autores interactúan constantemente con su audiencia a través de foros y redes sociales, creando una relación directa con sus lectores.

Sea cual sea tu objetivo, asegúrate de que esté claro desde el principio. Así, cada acción de marketing que realices estará alineada con ese fin, ya sea que quieras alcanzar un número alto de ventas, establecer tu marca o construir una comunidad que respalde tus futuros proyectos.

Capítulo 3: La importancia de tu presencia *online*

3.1 Cómo construir una página web de autor que venda

En el mundo digital actual, tener una página web de autor es imprescindible. No solo te permite mostrar tu trabajo, sino que también es una *plataforma centralizada* donde los lectores pueden encontrarte, seguir tu trayectoria y comprar tus libros directamente. Stephen King, por ejemplo, mantiene una página web dinámica que no solo ofrece información sobre sus libros, sino que también mantiene a sus fans actualizados con noticias, eventos y lanzamientos. Algo parecido hace la española Laura Gallego, que desde muy joven mantiene una web donde pone avances de sus textos, entrevistas, noticias y foros donde dialoga con sus seguidores y lectores.

Una página web actúa como tu *hogar digital*, donde tienes control absoluto sobre cómo presentas tu marca personal.

Al construir tu página web, asegúrate de incluir estos elementos esenciales:

- **Biografía**: Un resumen claro y atractivo de quién eres como autor. La autenticidad es clave. Muestra tu personalidad y tu historia.
- **Catálogo de libros**: Detalles de tus libros, sinopsis, enlaces a tiendas y reseñas de lectores.
- **Blog o sección de noticias**: Mantén a tus lectores comprometidos con actualizaciones regulares sobre tu trabajo, proyectos futuros y eventos.
- **Formulario de contacto y suscripción**: Ofrece la opción de suscribirse a tu boletín de noticias y facilita la interacción con tus lectores.

Una página bien diseñada no solo debe ser atractiva visualmente, sino también fácil de navegar y optimizada para dispositivos móviles. Joanna Penn, autora y experta en marketing para escritores, destaca que la clave del éxito de su página web radica en que está diseñada no solo para vender libros, sino para conectar con su audiencia a nivel personal.

3.2 Blogs y SEO: estrategias para atraer lectores orgánicamente

Los blogs siguen siendo una poderosa herramienta de marketing para atraer lectores de manera orgánica, es decir, sin necesidad de pagar por publicidad. Al publicar contenido relevante y de valor en tu blog, puedes posicionarte como un experto en tu nicho, lo que te permitirá atraer tanto a lectores como a otros profesionales de la industria literaria.

El secreto del éxito en los blogs radica en la optimización para motores de búsqueda (SEO, por sus siglas en inglés). Utilizar las palabras clave adecuadas en tus publicaciones, como términos relacionados con el género de tu libro o temas populares entre tus lectores, te ayudará a mejorar tu visibilidad en Google y atraer más tráfico a tu sitio web. Neil Patel, experto en marketing digital, recomienda que los escritores utilicen herramientas como Google Trends y Ahrefs para investigar qué palabras clave son más buscadas por su público objetivo.

Además, el contenido que publiques en tu blog no tiene que limitarse solo a hablar de tus libros. Puedes incluir temas relacionados, entrevistas a otros autores, reseñas literarias o análisis de tendencias en la industria editorial. J.K. Rowling, a través de su blog, no solo promociona su obra, sino que también ofrece una visión de su proceso creativo y sus pensamientos sobre la escritura, creando una conexión más cercana con sus seguidores. Algunos ilustradores también van colocando avances en sus trabajos hasta que terminan la ilustración, lo que hace que sus seguidores admiren mejor todo el proceso y se comprometan a comprar el libro cuando esté terminad.

3.3 Redes sociales para escritores: qué plataformas utilizar y cómo sacarles provecho

Las redes sociales son fundamentales para cualquier estrategia de marketing literario. No solo ofrecen una vía para promocionar tus libros, sino también para interactuar directamente con tus lectores, creando una comunidad que apoye tu trabajo a largo plazo.

Sin embargo, no todas las plataformas funcionan igual para todos los autores. Debes seleccionar aquellas que mejor se alineen con tu estilo y público.

3.3.1 Facebook: conectando con lectores y grupos literarios

Facebook sigue siendo una de las plataformas más poderosas para conectar con audiencias diversas. La clave en esta red social es la creación de grupos literarios y el uso de páginas de autor. Brandon Sanderson o Arturo Pérez Reverte han creado unas comunidades muy activas a través de sus páginas de Facebook, donde comparten noticias sobre sus libros, organizan eventos virtuales y responden directamente a las preguntas de sus seguidores. Además, los grupos de lectores en Facebook son excelentes para generar discusiones sobre tus libros y fomentar el boca a boca.

3.3.2 Instagram: el poder de la imagen en la promoción de libros

Instagram es ideal para autores que desean aprovechar el poder visual para promocionar sus libros. Las fotos bien elaboradas de portadas, citas inspiradoras y fotos de eventos literarios pueden ser increíblemente atractivas. Rupi Kaur, por ejemplo, ha utilizado Instagram para compartir extractos de su poesía y ha logrado crear una comunidad de seguidores que aman su estilo visual y sus palabras. El uso de *hashtags* estratégicos como #bookstagram y #amwriting también puede ayudarte a ganar visibilidad entre los usuarios interesados en libros y literatura.

3.3.3 Twitter: interactuar y atraer seguidores en tiempo real

Twitter es una plataforma ideal para escritores que desean interactuar de manera rápida y directa con sus lectores y con otros autores. La inmediatez de Twitter permite responder a preguntas, compartir noticias y mantenerse al tanto de las tendencias del momento.

Margaret Atwood es una gran usuaria de Twitter, donde a menudo responde a sus seguidores, participa en debates literarios y comenta sobre temas actuales, mostrando una cercanía que muchos lectores valoran.

3.3.4 LinkedIn y otras redes para profesionales del sector editorial

LinkedIn puede parecer una plataforma inusual para escritores, pero es excelente para conectar con editores, agentes literarios y otros profesionales del sector. Aquí puedes compartir artículos sobre la industria editorial, tus éxitos como escritor o experiencias relevantes en el mundo de la escritura y la publicación. Estar activo en LinkedIn puede ayudarte a establecer relaciones y obtener oportunidades que no encontrarías en otras plataformas.

3.4 Boletines y marketing por correo electrónico: cómo crear una lista de suscriptores fieles

El correo electrónico sigue siendo una de las herramientas más efectivas para el marketing. Tener una lista de suscriptores te permite comunicarte directamente con tus lectores más fieles, aquellos que están realmente interesados en tu trabajo. Autores como Joanna Penn han hablado del valor de las listas de correos, ya que permiten enviar actualizaciones personalizadas, adelantos de nuevos libros y promociones exclusivas.

Para crear una lista de suscriptores fieles, ofréceles algo a cambio de su inscripción: un capítulo gratuito, acceso anticipado a novedades, o contenido exclusivo. Mantén la comunicación constante, pero no invasiva. El objetivo es mantener el interés y la lealtad de tus suscriptores, no abrumarlos con promociones.

3.5 El impacto del marketing de contenidos: artículos, entrevistas y podcasts

El marketing de contenidos es una excelente manera de expandir tu presencia *online* mientras ofreces valor a tus seguidores. Escribir artículos para blogs populares, participar en entrevistas o ser invitado a podcasts literarios te permite llegar a nuevas audiencias de manera orgánica. Stephen King, por ejemplo, a menudo participa en entrevistas donde no solo habla de sus libros, sino también de su visión de la industria literaria y de su proceso creativo, lo que atrae tanto a lectores como a aspirantes a escritores.

Los podcasts, en particular, han ganado una gran popularidad en los últimos años. Participar en uno te ofrece la oportunidad de mostrar tu personalidad y compartir tus ideas en un formato más cercano. Algunos de los podcasts más populares en el ámbito literario incluyen *The Creative Penn, Writing Excuses* y *The Bestseller Experiment*, donde autores comparten experiencias, consejos y estrategias para el éxito literario.

Capítulo 4: Estrategias de lanzamiento

4.1 El día del lanzamiento: cómo planificarlo paso a paso

El día del lanzamiento de tu libro es crucial. Es el momento en que todo el esfuerzo invertido en escribir, editar y promocionar finalmente se pone a prueba. Planificar este día de manera estratégica y meticulosa puede marcar la diferencia entre un lanzamiento exitoso y uno que pase desapercibido. J.K. Rowling es conocida por haber planeado los lanzamientos de *Harry Potter* con meses de anticipación, asegurándose de que cada detalle, desde las apariciones en medios hasta los eventos en librerías, estuviera bien coordinado.

Aquí tienes una guía paso a paso para planificar el día del lanzamiento:

- **Prepara todos tus canales de comunicación**: Asegúrate de que tu sitio web, redes sociales y lista de correos estén actualizados y listos para el anuncio. Envía recordatorios a tu audiencia unas semanas antes y unos días antes del lanzamiento.

- **Eventos de lanzamiento**: Considera organizar un evento, ya sea físico o virtual. Puede ser una lectura de extractos, una sesión de preguntas y respuestas o una firma de libros en una librería local o mediante plataformas como Zoom o Instagram Live. Neil Gaiman, por ejemplo, ha utilizado transmisiones en vivo para leer extractos de sus libros, lo que genera una conexión inmediata con su audiencia.

- **Publica en todas tus redes sociales**: Asegúrate de que el día del lanzamiento esté lleno de publicaciones en redes sociales, no solo tuyas, sino de aquellos que colaboran contigo o están interesados en tu obra. Utiliza imágenes atractivas y llama a la acción a tus lectores.

- **Aprovecha las reseñas iniciales**: Si has enviado copias anticipadas a blogueros o *influencers*, asegúrate de que publiquen sus reseñas y comentarios el día del lanzamiento. Esto genera una avalancha de opiniones que pueden motivar a más personas a comprar el libro.

- **Mantén la energía**: El lanzamiento no termina el mismo día. Extiende la promoción en la semana siguiente para mantener el impulso y seguir captando la atención de nuevos lectores.

4.2 Promociones y descuentos: cuándo y cómo utilizarlos

Las promociones y descuentos son una estrategia efectiva para aumentar las ventas durante el lanzamiento. No se trata solo de ofrecer un precio bajo, sino de crear una sensación de urgencia que motive a los lectores a actuar rápidamente.

Hay varios momentos clave en los que puedes utilizar promociones de manera efectiva:

Durante el lanzamiento: Ofrecer un descuento por tiempo limitado o un bono adicional, como contenido exclusivo o una edición firmada, puede atraer a los compradores indecisos.

En fechas especiales: Las promociones en fechas como el Día del Libro, Black Friday o Navidad pueden generar un aumento en las ventas. Brandon Sanderson ha utilizado promociones durante eventos como estos para impulsar las ventas de sus libros, incluyendo ofertas especiales en sus ediciones más recientes.

Descuentos por volumen: Puedes ofrecer descuentos si los lectores compran más de una copia, lo que puede ser útil para aquellos que desean regalar tu libro.

Recuerda que los descuentos no deben ser demasiado frecuentes, ya que pueden desvalorizar la percepción de tu trabajo. Utilízalos con estrategia y moderación.

4.3 Organizar sorteos y concursos para aumentar la visibilidad

Una de las formas más efectivas de aumentar la visibilidad de tu libro es mediante sorteos y concursos. Estas actividades generan interacción y entusiasmo en tus redes sociales, lo que ayuda a difundir el lanzamiento de manera orgánica.

Puedes organizar concursos de diversas maneras:

- **Sorteos en redes sociales**: Invita a tus seguidores a participar en un sorteo donde puedan ganar una copia gratuita de tu libro. Pide a los participantes que sigan tu cuenta, compartan una publicación y etiqueten a amigos. Rupi Kaur ha utilizado este enfoque en Instagram, logrando aumentar exponencialmente su visibilidad y atrayendo nuevos seguidores interesados en su trabajo.

- **Concursos creativos**: Invita a tus lectores a participar en actividades relacionadas con tu libro, como escribir un relato corto inspirado en tu obra o crear una imagen visual relacionada con los temas de tu libro. Esto no solo genera visibilidad, sino que también fortalece la conexión emocional con tus lectores.
- **Colaboración con *influencers***: Pide a *influencers* literarios que organicen un sorteo para sus seguidores. De esta manera, llegarás a nuevas audiencias que quizás no te conocían.

Al organizar sorteos y concursos, asegúrate de que las reglas sean claras y que la participación sea fácil. Estos eventos deben ser divertidos y generar entusiasmo, no complicaciones para tus seguidores.

4.4 Pre-ventas y anticipación: cómo generar expectativas antes del lanzamiento

La anticipación es una herramienta poderosa. El éxito de las preventas reside en crear expectación y hacer que los lectores deseen tu libro incluso antes de que esté disponible. George R.R. Martin generó un alto nivel de expectación antes de cada nuevo libro de la saga *Juego de Tronos*, manteniendo a los lectores atentos a cada actualización y fecha de lanzamiento.

¿Cómo generar expectativas antes del lanzamiento?

- **Anuncia la fecha de lanzamiento con anticipación**: No lances tu libro sin antes haberlo anunciado públicamente varias semanas (o incluso meses) antes. Utiliza esta anticipación para generar conversación en torno a tu obra.
- **Ofrece incentivos para las pre-ventas**: Puedes ofrecer beneficios especiales a quienes compren el libro antes del lanzamiento, como una dedicatoria personalizada o material extra (por ejemplo, un capítulo adicional o acceso a una entrevista exclusiva). Amanda Hocking, autora autopublicada, utilizó las pre-ventas como una herramienta clave para crear un ejército de fans antes del lanzamiento de sus libros.

- **Adelantos y extractos**: Publicar extractos o capítulos seleccionados antes del lanzamiento es una excelente manera de dejar a los lectores con ganas de más. En plataformas como Wattpad, muchos autores han lanzado los primeros capítulos de sus libros, creando una base de fans que esperan ansiosos el lanzamiento completo.

4.5 Colaboraciones con otros autores y bloggers literarios

En el mundo literario, la colaboración es clave. Trabajar en conjunto con otros autores y bloggers literarios te permite expandir tu audiencia y llegar a comunidades lectoras que quizás no conocías.

Aquí tienes algunas ideas de cómo aprovechar las colaboraciones:

Intercambio de menciones: Colabora con otros autores para que ambos mencionen sus respectivos libros en sus redes sociales, boletines o blogs. John Green y David Levithan, dos exitosos autores juveniles, han colaborado en proyectos conjuntos, lo que les ha permitido acceder a las audiencias del otro.

Blogs invitados: Escribe artículos o publicaciones para blogs de otros autores o sitios especializados en literatura. Al compartir tu perspectiva, atraerás a los seguidores de esos blogs a tu propio trabajo.

Entrevistas cruzadas: Puedes organizar entrevistas con otros autores o *influencers* literarios donde se discuta sobre tu libro, tu proceso de escritura o tus temas favoritos. Estas entrevistas generan un contenido atractivo que puede compartirse en múltiples plataformas, llegando a una audiencia más amplia.

Eventos conjuntos: Si tienes la oportunidad de organizar eventos de lanzamiento o charlas junto con otros autores, puedes beneficiarte del doble interés generado por los lectores de ambos.

Capítulo 5: Estrategias publicitarias de pago

5.1 Publicidad en Amazon: cómo aprovechar su algoritmo para promocionar tu libro

Amazon es, sin lugar a dudas, uno de los mayores mercados para libros en el mundo. Su ecosistema, que combina venta, promoción y visibilidad, ofrece a los autores una plataforma única para llegar a millones de lectores potenciales. Sin embargo, para destacar en esta gigantesca tienda *online*, es esencial comprender cómo funciona el algoritmo de Amazon y aprovechar su sistema de publicidad, conocido como Amazon Ads.

El algoritmo de Amazon tiene en cuenta varios factores para determinar qué libros aparecen en los primeros resultados de búsqueda, como la relevancia del título, las palabras clave, el historial de ventas y las reseñas de los usuarios. Aquí es donde entra en juego la publicidad de pago, que puede impulsar la visibilidad de tu libro cuando se usa de manera estratégica.

¿Cómo puedes aprovechar Amazon Ads para promocionar tu libro?

Elección de palabras clave: Una de las herramientas más poderosas de Amazon Ads es la selección de palabras clave. Estas deben estar alineadas con los temas y géneros de tu libro. Investiga qué términos buscan los lectores en relación con libros similares al tuyo y úsalos para que tu anuncio se muestre en los resultados de búsqueda relevantes.

- **Tipos de anuncios**: Amazon ofrece varios formatos publicitarios, pero los más comunes son:
- **Sponsored Products**: Estos anuncios muestran tu libro en los resultados de búsqueda de Amazon cuando alguien utiliza las palabras clave relacionadas. Esta es una excelente

forma de aumentar la visibilidad y aparecer junto a libros populares.

- **Sponsored Brands**: Si tienes varios libros publicados, puedes optar por este tipo de anuncio, que muestra una colección de tus libros en la parte superior de la página de resultados de búsqueda, ayudándote a crear una presencia de marca.
- **Presupuesto y seguimiento**: Establecer un presupuesto diario es esencial para no gastar más de lo necesario. Asegúrate de monitorear tus campañas regularmente y realizar ajustes en las palabras clave o la orientación según los resultados que obtengas. David Gaughran, experto en autopublicación, destaca la importancia de empezar con presupuestos modestos y analizar los resultados antes de invertir grandes sumas.

El uso adecuado de la publicidad en Amazon puede ser el catalizador que impulse tu libro a las listas de los más vendidos, siempre que utilices las herramientas de segmentación y optimización con cuidado.

5.2 Facebook Ads e Instagram Ads para escritores: cómo segmentar tu público

Facebook e Instagram, ambas plataformas propiedad de Meta, ofrecen opciones poderosas para llegar a lectores específicos a través de anuncios pagados. La clave de estas plataformas reside en su capacidad para *segmentar audiencias* con precisión, lo que significa que puedes dirigir tu campaña directamente a personas interesadas en el tipo de libros que escribes.

Cómo aprovechar Facebook Ads e Instagram Ads:

- **Definir tu público objetivo**: Lo primero que debes hacer es definir tu audiencia ideal. ¿Estás buscando atraer a lectores de novela romántica? ¿Ficción histórica? ¿Literatura juvenil? Facebook Ads te permite segmentar por intereses específicos, edad, ubicación geográfica, y hasta comportamientos de compra. Por ejemplo, puedes elegir que tu anuncio se muestre solo a personas que hayan mostrado interés en autores como Isabel Allende o Gabriel García Márquez.

- **Tipos de anuncios**: Facebook e Instagram ofrecen una variedad de formatos publicitarios. Para los escritores, los más efectivos suelen ser:
- **Anuncios de imagen o video**: Puedes crear un anuncio visual llamativo con la portada de tu libro, una cita o un breve video que presente tu historia.
- **Anuncios en carrusel**: Este formato permite mostrar varias imágenes en un solo anuncio. Perfecto si quieres mostrar múltiples libros o diferentes aspectos de tu obra.
- **Monitoreo y ajuste**: Utiliza la herramienta de análisis de Facebook para monitorear cómo se desempeñan tus anuncios. Joanna Penn, autora y especialista en marketing para escritores, aconseja realizar pruebas A/B, donde cambias pequeños aspectos del anuncio (como la imagen o el texto) para ver cuál funciona mejor.
- **Remarketing**: Otra ventaja de Facebook Ads es la capacidad de hacer *remarketing*, es decir, mostrar anuncios a personas que ya visitaron tu página web o interactuaron con tus publicaciones, aumentando las probabilidades de que realicen una compra.

Facebook e Instagram Ads son plataformas flexibles y relativamente económicas para aumentar la visibilidad de tu libro y atraer lectores comprometidos. La clave está en segmentar bien y crear anuncios visualmente atractivos que capturen la atención de tu público objetivo.

5.3 Google Ads: atrae lectores mediante búsquedas relevantes

Google Ads es otra plataforma de publicidad paga que puede ser útil para escritores, sobre todo porque te permite *capturar la intención de búsqueda* de los usuarios. Cuando alguien busca en Google términos como "mejores novelas de misterio" o "nuevas novelas románticas", con Google Ads puedes hacer que tu libro aparezca en los primeros resultados.

Cómo utilizar Google Ads para promocionar tu libro:

- **Campañas de búsqueda**: Google Ads funciona a través de campañas de búsqueda que se activan cuando un usuario escribe determinadas palabras clave en el buscador. Al igual que en Amazon, debes hacer una investigación exhaustiva de palabras clave relevantes para tu libro y crear anuncios que respondan a esas búsquedas. Por ejemplo, si escribiste una novela histórica ambientada en la Edad Media, palabras clave como "novelas medievales" o "ficción histórica" pueden ser ideales.

- **Anuncios efectivos**: Un buen anuncio de Google debe ser breve, claro y directo. El título debe captar la atención del usuario y el texto debe explicar de manera rápida por qué tu libro es lo que están buscando. Incluye una llamada a la acción (CTA), como "Compra ahora" o "Lee un extracto gratis".

- **Landing pages optimizadas**: El anuncio debe llevar a una página web o landing page bien diseñada, donde los usuarios puedan comprar el libro fácilmente o leer más sobre él. Google valora que la experiencia del usuario sea fluida, por lo que una landing page lenta o mal estructurada puede disminuir la efectividad de tu campaña.

Google Ads es especialmente útil para capturar lectores que *ya están buscando libros* en tu género, por lo que puede ser una excelente opción si tu objetivo es llegar a lectores interesados en lo que ofreces.

5.4 Inversión en publicidad en revistas y plataformas literarias

Además de las plataformas digitales, las revistas y sitios web literarios siguen siendo una excelente opción para promocionar tu libro. Publicar un anuncio en revistas especializadas o en sitios web de reseñas literarias puede aumentar tu visibilidad entre los lectores más comprometidos.

Estrategias para aprovechar esta inversión:

- **Elige las plataformas correctas**: Asegúrate de seleccionar revistas y sitios que lleguen al público adecuado para tu libro. Por ejemplo, si has escrito ciencia ficción, invierte en plataformas como Tor.com o revistas especializadas en el género. Si tu obra es de carácter literario o más tradicional, considera revistas como *Granta, ABC Cultural, Babelia* o *The New Yorker.*

- **Anuncios destacados**: Cuando inviertes en publicidad en una revista o plataforma literaria, asegúrate de que tu anuncio sea visual y cautivador. Recuerda que los lectores de estas publicaciones son exigentes y se ven expuestos a muchas otras obras, por lo que tu publicidad debe destacar.
- **Reseñas pagadas**: Algunas plataformas ofrecen servicios de reseñas pagadas, como *Kirkus Reviews, Lecturas* o *Qué Leer.* Aunque esto puede ser costoso, contar con una reseña de un sitio de renombre puede agregar valor a tu libro y mejorar tu credibilidad ante los lectores.

Invertir en publicidad en revistas y plataformas literarias puede ser una excelente manera de *consolidar tu imagen como autor profesional* y atraer lectores de nicho, especialmente si tu libro está orientado a un público especializado o es una obra literaria de alto perfil.

Capítulo 6: Marketing post-lanzamiento

6.1 El papel de las reseñas en tu éxito: cómo solicitarlas y gestionarlas

Las reseñas son uno de los factores más influyentes para el éxito de un libro, especialmente en la era digital. Las opiniones de los lectores no solo ofrecen credibilidad y confianza, sino que también mejoran la visibilidad de tu obra en plataformas como Amazon, Goodreads y otras tiendas *online*. James Clear, autor de *Hábitos Atómicos*, mencionó en una entrevista que una de las claves de su éxito fue la cantidad de reseñas positivas tempranas que ayudaron a consolidar su libro en el mercado.

Cómo solicitar reseñas de manera efectiva:

- **Envía copias anticipadas**: Antes del lanzamiento, envía copias anticipadas a lectores beta, blogueros literarios y medios especializados. Estos lectores pueden ayudarte a generar una primera ola de reseñas, creando impulso desde el primer día.
- **Pide reseñas a tus seguidores**: No tengas miedo de solicitar reseñas a tus lectores. Puedes incluir una nota en tu libro o un recordatorio en tu boletín de noticias. La mayoría de los lectores están encantados de dejar una reseña si les ha gustado tu trabajo, pero a veces solo necesitan un pequeño empujón.
- **Utiliza plataformas de reseñas**: Plataformas como NetGalley permiten que los autores autopublicados ofrezcan copias digitales de su libro a cambio de reseñas. Este tipo de plataformas es ideal para obtener un flujo constante de opiniones en el periodo post-lanzamiento.

Cómo gestionar las reseñas:

- **Agradece las reseñas positivas**: Si alguien deja una reseña favorable, toma un momento para agradecerles, ya sea con un mensaje directo o una mención en redes sociales. Esto fortalece tu relación con los lectores y los incentiva a seguir recomendando tu libro.

- **Maneja las críticas con profesionalismo**: Las críticas negativas son inevitables. Responde con gracia si decides hacerlo, pero no intentes entrar en debates o confrontaciones. Como dijo Oscar Wilde: "No existe la mala publicidad, salvo si se trata de tu propio obituario". Las críticas constructivas pueden ayudarte a mejorar, mientras que otras simplemente forman parte de la subjetividad de los lectores y aunque sean negativas ayudan a dar visibilidad a tu obra.

6.2 Booktubers y Bookstagrammers: cómo colaborar con influenciadores literarios

En el mundo moderno, Booktubers (creadores de contenido en YouTube que hablan sobre libros) y Bookstagrammers (*influencers* literarios en Instagram) son herramientas poderosas para promocionar tu libro. Estas comunidades han creado un nicho de lectores ávidos que confían en sus recomendaciones. Rupi Kaur, autora de *Milk and Honey*, debe parte de su éxito a la difusión orgánica de su obra por parte de *influencers* de estas plataformas.

Cómo colaborar con Booktubers y Bookstagrammers:

- **Identifica a los *influencers* correctos**: No se trata de colaborar con cualquier *influencer*, sino de encontrar aquellos cuyo contenido esté alineado con el género o el tema de tu libro. Si escribes fantasía, busca Booktubers que estén especializados en ese tipo de literatura. Brandon Sanderson ha colaborado con *influencers* del género, aumentando su visibilidad en comunidades de fantasía específicas.
- **Ofrece copias gratuitas**: Los Booktubers y Bookstagrammers suelen estar abiertos a recibir libros gratis a cambio de reseñas. Asegúrate de enviarles una copia física (si es posible) o una copia digital de alta calidad.
- **Incentiva la creatividad**: Muchos *influencers* disfrutan creando contenido creativo, como sesiones de fotos temáticas, sorteos o videos de unboxing. Deja que exploren su creatividad al presentar tu libro.

- **Promociona sus reseñas**: Una vez que publiquen contenido sobre tu libro, compártelo en tus redes sociales y agradece su apoyo públicamente. Esto puede atraer a otros *influencers* a interesarse en tu obra.

6.3 Mantén la conversación activa: la importancia del engagement con tus lectores

El marketing post-lanzamiento no termina cuando el libro ya está disponible. Para mantener las ventas y la relevancia de tu obra, debes seguir interactuando con tus lectores de forma regular. Neil Gaiman, a quien ya hemos citado varias veces por su magnífico trabajo de promoción, es conocido por su constante interacción con su audiencia, tanto en eventos como en redes sociales, lo que le ha permitido mantener una base de lectores leales.

Estrategias para mantener el engagement:

- **Responde a los comentarios**: Si los lectores te dejan comentarios en redes sociales o envían mensajes a través de tu página web, intenta responder de manera cercana y personal. Esto genera una conexión más fuerte y un sentido de comunidad.
- **Organiza eventos virtuales**: Los lectores disfrutan de eventos como lecturas en vivo, sesiones de preguntas y respuestas, y clubes de lectura virtuales. Puedes realizar estos eventos en plataformas como Zoom, Instagram Live o YouTube.
- **Crea contenido exclusivo**: Ofrece a tus lectores material adicional relacionado con tu libro, como capítulos eliminados, escenas detrás de cámaras o entrevistas con los personajes. Esto mantiene su interés y les da un motivo para seguir participando.

6.4 Participación en ferias del libro y eventos literarios

Las ferias del libro y eventos literarios son oportunidades invaluables para conectar en persona con los lectores y fortalecer tu red dentro de la industria. Asistir a estos eventos no solo te permite promocionar tu libro, sino también relacionarte con otros autores, editores y profesionales del sector.

Consejos para aprovechar estos eventos:

- **Prepara material promocional**: Asegúrate de llevar suficientes copias de tu libro, folletos, marcadores de libros y tarjetas de presentación. Paulo Coelho, en sus primeros días, solía distribuir tarjetas con citas de sus libros a modo de promoción, lo que generaba interés en su obra.
- **Participa en paneles y charlas**: Si tienes la oportunidad de participar en mesas redondas o charlas, aprovéchalo. Compartir tu experiencia como escritor en estos espacios te posiciona como una voz reconocida en la industria y atrae a nuevos lectores.
- **Conoce a tus lectores**: Estas ocasiones son perfectas para interactuar directamente con tu audiencia. Una buena conversación con un lector en una firma de libros puede generar una recomendación valiosa.

6.5 Continuar la promoción: cómo mantener las ventas después del lanzamiento

Mantener el ritmo de ventas después del lanzamiento es un reto común para muchos autores, pero es posible lograrlo con una estrategia de promoción constante. Un buen ejemplo es el autor Mark Dawson, quien ha logrado mantener sus ventas a lo largo del tiempo utilizando tácticas de marketing continuas.

Estrategias para mantener las ventas después del lanzamiento:

- **Lanza ediciones especiales**: Considera lanzar ediciones de bolsillo, libros en tapa dura, o incluso versiones audiolibro para atraer a diferentes tipos de lectores. Algunos autores como Javier Sierra se ofrecen a leer de viva voz sus libros para plataformas como Audible donde los suscriptores pueden escuchar sus novelas.
- **Promociones periódicas**: Ofrecer descuentos temporales o promociones en fechas clave como el Día del Libro, San Jordi, ferias del libro o Navidad puede reactivar el interés en tu obra.
- **Amplía tu presencia *online***: Sigue creando contenido en redes sociales y mantén la conversación activa. Publica rese-

ñas de lectores, comparte fotos de eventos, y sigue incentivando a las personas a hablar de tu libro.

- **Continúa colaborando con *influencers*:** No abandones las relaciones con los Booktubers y Bookstagrammers después del lanzamiento. Puedes seguir enviándoles actualizaciones sobre tu trabajo o colaborar en contenido adicional para mantener la visibilidad.

Capítulo 7: Marketing para autores independientes *(self-publishing)*

7.1 Plataformas de autopublicación: Amazon KDP, Lulu, Smashwords y otras

Para los autores independientes, las plataformas de autopublicación son la puerta de entrada para compartir su trabajo con el mundo. La autopublicación ofrece una *libertad creativa* que las editoriales tradicionales no siempre permiten, admitiendo que los autores puedan controlar todo el proceso, desde el diseño hasta la distribución y la promoción.

Las plataformas más conocidas son:

- **Amazon KDP (Kindle Direct Publishing)**: Amazon KDP es la plataforma de autopublicación más popular y ofrece a los autores la posibilidad de publicar tanto libros electrónicos como impresos bajo demanda. La principal ventaja de KDP es su amplia audiencia y las herramientas de promoción integradas, como Kindle Unlimited y las promociones de libros gratuitos o con descuento.
- **Lulu**: Lulu es una plataforma que ofrece impresión bajo demanda y distribución global. A diferencia de Amazon, Lulu se especializa más en formatos de alta calidad, como libros de tapa dura o libros a todo color, lo que es ideal para autores que buscan productos más personalizados.
- **Smashwords**: Es conocida por su enfoque en la distribución de libros electrónicos a través de múltiples canales, como Apple Books, Kobo y Barnes & Noble. Smashwords es una excelente opción para aquellos que desean llegar a una audiencia internacional diversa y no quieren depender únicamente de Amazon.
- **Draft2Digital**: Similar a Smashwords, permite distribuir tu libro a múltiples minoristas y tiene una interfaz muy amiga-

ble. Su plataforma es conocida por su facilidad de uso y por ofrecer herramientas automáticas que convierten y formatean tu manuscrito para diferentes dispositivos.

La clave en la autopublicación no solo está en elegir la plataforma correcta, sino también en *conocer las ventajas y desventajas* de cada una, en términos de royalties, distribución y servicios adicionales.

7.2 Cómo gestionar tus derechos de autor y licencias

Uno de los aspectos más importantes en la autopublicación es la gestión de los derechos de autor y licencias. A diferencia de la publicación tradicional, donde las editoriales suelen adquirir parte de los derechos de tu obra, en la autopublicación los derechos son completamente tuyos. Esto te ofrece una ventaja: tú decides cómo, cuándo y dónde distribuir tu libro.

Aspectos clave a tener en cuenta:

- **Derechos de autor**: Como autor independiente, es esencial que registres tus derechos de autor para proteger tu obra. En muchos países, los derechos de autor se obtienen automáticamente al crear la obra, pero es recomendable registrarla formalmente para asegurarte de poder reclamar la autoría en caso de infracción.
- **Licencias**: Es posible que quieras otorgar ciertos derechos de distribución a terceros. Por ejemplo, si decides distribuir tu libro a través de varias plataformas, deberás conceder una licencia para que puedan vender y promocionar tu obra. Asegúrate de leer detenidamente los contratos y términos de cada plataforma para entender qué derechos estás cediendo.
- **Uso de imágenes o citas**: Si utilizas imágenes, citas o fragmentos de otros autores en tu libro, asegúrate de obtener las licencias correspondientes para no infringir derechos de terceros. Plataformas como Creative Commons pueden ser útiles para encontrar recursos con permisos adecuados.

7.3 Marketing a través de plataformas de autopublicación

Las plataformas de autopublicación no solo te permiten publicar tu libro, sino que también ofrecen herramientas de marketing que pueden ayudarte a aumentar la visibilidad y las ventas. Aprovechar estas herramientas es esencial para cualquier autor independiente.

Herramientas de marketing en Amazon KDP:

- **KDP Select**: Es un programa exclusivo de Amazon que permite que tu libro esté disponible en Kindle Unlimited, lo que te da acceso a millones de lectores suscritos. A cambio, aceptas publicar tu libro exclusivamente en Amazon por un tiempo limitado (generalmente 90 días).
- **Promociones de Kindle**: Puedes ofrecer descuentos por tiempo limitado o días gratuitos para incentivar la descarga de tu libro, lo que puede aumentar su visibilidad en los rankings de Amazon.
- **Promociones en Smashwords**:
- **Ofertas promocionales**: Smashwords permite crear cupones de descuento que puedes distribuir a tu audiencia, incentivando la compra en momentos específicos.

Cómo aprovechar las plataformas:

- **Optimización del perfil de autor**: Tanto Amazon como otras plataformas permiten que los autores creen un perfil que incluya una biografía, fotos y enlaces a redes sociales. Aprovecha este espacio para conectar con los lectores y ofrecer información relevante sobre tu trayectoria y próximos proyectos.
- **Uso de las reseñas**: Fomenta a tus lectores a dejar reseñas. Las plataformas como Amazon otorgan prioridad a los libros que tienen una mayor cantidad de reseñas positivas.

7.4 Crowdfunding y Patreon: alternativas para financiar y promocionar tus proyectos

El crowdfunding y las plataformas de mecenazgo como Patreon han surgido como herramientas poderosas para los autores independientes, no solo para financiar la producción de libros, sino también para crear una comunidad leal de seguidores.

- **Crowdfunding**: Plataformas como Kickstarter o Indiegogo permiten a los autores recaudar fondos para sus proyectos antes de que el libro esté terminado. Puedes ofrecer incentivos como copias firmadas, acceso anticipado al libro o incluso menciones en los agradecimientos a quienes contribuyan a tu campaña. Amanda Palmer, artista y autora, utilizó Kickstarter para financiar uno de sus libros y recaudó más de un millón de dólares, demostrando el poder del crowdfunding cuando se gestiona bien.

- **Patreon**: Esta plataforma permite a los autores obtener ingresos recurrentes a través de una base de seguidores que apoyan mensualmente. En lugar de depender únicamente de las ventas de libros, los autores pueden ofrecer contenido exclusivo, como capítulos inéditos, acceso a borradores o consultas personalizadas, a cambio de una suscripción mensual. **Neil Gaiman** ha apoyado el uso de Patreon como una herramienta para mantener una conexión constante con los fans mientras financia sus proyectos.

Ventajas del crowdfunding y Patreon:

- **Financiación anticipada**: Puedes cubrir los costos de edición, diseño y marketing antes de que tu libro salga al mercado.
- **Crea comunidad**: Estas plataformas permiten que los lectores se sientan parte del proceso, lo que genera una relación más fuerte entre el autor y su audiencia.

7.5 Herramientas digitales para autores independientes: gestión y promoción de libros

- La autopublicación requiere el uso de herramientas digitales que faciliten tanto la gestión de tu libro como su promoción. Aquí te dejo algunas herramientas esenciales para autores independientes:
- **Scrivener**: Un software popular entre escritores para organizar y escribir libros. Permite dividir capítulos y secciones de manera sencilla, lo que lo hace ideal para proyectos largos.
- **Vellum**: Esta herramienta es perfecta para formatear tu libro tanto en formato electrónico como impreso. Su interfaz amigable te permite crear un diseño profesional sin necesidad de conocimientos técnicos avanzados.

- **Hootsuite** o **Buffer**: Gestionar varias redes sociales puede ser complicado. Estas herramientas te permiten programar publicaciones en diferentes plataformas, lo que facilita mantener una presencia activa sin necesidad de estar en línea constantemente.
- **Canva**: Si necesitas crear materiales de marketing visual, como anuncios para redes sociales, portadas o banners, Canva es una herramienta intuitiva que te permite diseñar de manera profesional sin ser un experto en diseño gráfico.
- **Mailchimp**: Una plataforma de correo electrónico ideal para crear y gestionar listas de suscriptores. Con Mailchimp, puedes enviar boletines informativos, promociones y novedades a tu audiencia de manera automatizada, manteniendo el interés en tu obra.

Capítulo 8: El poder de los medios de comunicación

8.1 Cómo escribir un comunicado de prensa efectivo

Un comunicado de prensa es una de las herramientas más poderosas para anunciar tu libro a los medios de comunicación. Un comunicado bien redactado puede captar la atención de periodistas, blogueros e *influencers*, y dar visibilidad a tu obra en un entorno mediático competitivo. Stephen King, por ejemplo, ha utilizado este método en varias ocasiones, enviando comunicados que destacan lo novedoso de su última publicación o los eventos relacionados.

Elementos esenciales de un comunicado de prensa efectivo:

- **Título impactante**: Debe captar la atención del lector de inmediato. Haz que sea directo y claro. Por ejemplo, "Lanzamiento de la novela distópica más esperada del año: *El Fin de la Esperanza*".
- **Primer párrafo contundente**: El primer párrafo debe responder las preguntas clave: qué, quién, cuándo, dónde y por qué. No dejes lo más importante para el final.
- **Descripción de la obra**: Presenta tu libro de manera concisa pero atractiva. Incluye detalles sobre el tema, el género y lo que lo diferencia de otras obras. Isabel Allende, en muchos de sus comunicados, resalta el contexto histórico y emocional de sus novelas, lo que las hace especialmente atractivas para los periodistas.
- **Información del autor**: Una breve biografía que destaque los aspectos más relevantes de tu trayectoria, tus logros previos o cualquier detalle que pueda interesar a los medios.
- **Cita del autor**: Incluye una cita tuya sobre el libro. Esto añade un toque personal y te posiciona como la voz principal

detrás de la obra. Puede ser una reflexión sobre el proceso creativo, el mensaje central del libro o lo que esperas lograr con su publicación.

- **Datos de contacto**: Asegúrate de incluir la forma en que los medios pueden contactarte, ya sea a través de un correo electrónico o de un representante.

Ejemplo: Si estás lanzando una novela de ciencia ficción, tu comunicado podría titularse: "Nuevo lanzamiento en el género de ciencia ficción: *Horizontes Perdidos*, una visión distópica del futuro de la humanidad". En el cuerpo del comunicado, puedes incluir detalles sobre el lanzamiento, la trama del libro, y por qué el tema es relevante hoy en día.

8.2 Contactar a medios de comunicación locales y nacionales

El siguiente paso es contactar a los medios para difundir tu libro. Un plan bien pensado puede ayudarte a conseguir cobertura en medios locales y nacionales, tanto impresos como digitales, aumentando la visibilidad de tu obra.

Estrategias para contactar medios:

- **Investiga a los periodistas**: Antes de enviar tu comunicado, investiga a los periodistas que cubren temas relacionados con libros o cultura. Esto aumenta las posibilidades de que tu comunicado sea relevante para ellos. Margaret Atwood tiene una estrecha relación con ciertos medios, ya que los periodistas que la cubren están especializados en temas que ella aborda en sus obras. También editores como Juan Casamayor, de la Editorial Páginas de Espuma, han conseguido gran difusión de sus libros en prensa gracias a sus contactos personales con periodistas, que se comprometen a difundir sus catálogos.
- **Personaliza tus correos**: No envíes correos genéricos. Personaliza tus mensajes mencionando el interés que el medio ha mostrado en libros similares o el enfoque que crees que tu obra podría aportar a su audiencia. Este toque personal hace que tu correo destaque entre la multitud.

- **Incluye material adicional**: Junto con el comunicado de prensa, puedes enviar imágenes de alta calidad de la portada del libro o incluso *un extracto* del mismo para que los periodistas puedan evaluarlo.
- **Seguimiento**: No temas hacer un seguimiento, pero hazlo de manera cortés y breve. Un recordatorio amable puede ser suficiente para que reconsideren tu libro en caso de que no hayan respondido inicialmente.

8.3 Participar en entrevistas y podcasts para aumentar tu exposición

Una excelente manera de promover tu libro es participando en *entrevistas y podcasts*. Estas plataformas te permiten *contar tu historia* de manera más profunda, conectando emocionalmente con tu audiencia y exponiendo tu obra a nuevos lectores.

Cómo conseguir entrevistas y participaciones en podcasts:

- **Investiga podcasts relevantes**: Busca podcasts que traten temas literarios o que se enfoquen en el género de tu libro. Por ejemplo, si escribiste una novela histórica, busca podcasts que hablen sobre historia o ficción histórica. Los podcasts como *The Creative Penn* o *Writing Excuses* son perfectos para autores que buscan exposición en círculos literarios.
- **Ofrece valor**: Al contactar a los anfitriones de los podcasts, no solo ofrezcas hablar de tu libro. Presenta temas que puedan interesar a la audiencia. Puedes hablar sobre el proceso de escritura, los desafíos que enfrentaste o cómo te inspiraste para escribir tu obra.
- **Prepara respuestas interesantes**: Las entrevistas son una oportunidad para mostrar tu personalidad y pasión. Neil Gaiman es un ejemplo de autor que utiliza las entrevistas para generar curiosidad por su obra a través de anécdotas y reflexiones sobre el arte de escribir. Prepárate para contar *historias* interesantes que conecten con los oyentes.
- **Comparte las entrevistas**: Una vez que la entrevista esté disponible, compártela en tus redes sociales, página web y lista de correo. Aprovecha la oportunidad para promocionar tu participación y seguir atrayendo a nuevos lectores.

8.4 Aprovechar los eventos en línea: webinars y conferencias virtuales

Con el auge de los eventos virtuales, webinars y conferencias en línea se han convertido en excelentes plataformas para autores. Estos eventos permiten que te conectes con tu audiencia desde cualquier parte del mundo y te posicionan como un experto en tu género o campo de escritura.

Cómo sacar provecho de los eventos en línea:

- **Organiza tu propio webinar**: Puedes organizar un webinar en plataformas como Zoom o YouTube Live donde hables sobre los temas centrales de tu libro, el proceso de escritura, o incluso ofrecer una clase magistral sobre un tema relacionado. Elizabeth Gilbert, autora de *Comer, rezar, amar* ha utilizado webinars para profundizar en temas de creatividad, lo que atrajo a miles de espectadores interesados en su perspectiva única.
- **Participa en conferencias virtuales**: Busca conferencias virtuales relacionadas con la escritura o el tema de tu libro y postúlate como orador. Las ferias del libro en línea, como BookCon o Hay Festival, ofrecen paneles donde autores independientes pueden compartir su trabajo y atraer nuevas audiencias.
- **Promociona tus eventos**: Asegúrate de promocionar tus webinars o participaciones en conferencias a través de todas tus plataformas (redes sociales, boletines, página web) para atraer a más asistentes. Después del evento, puedes compartir la grabación para aquellos que no pudieron asistir en vivo.

8.5 Relaciones públicas para escritores: cómo construir alianzas clave

Las relaciones públicas son un aspecto fundamental del marketing de un libro. No se trata solo de atraer a los medios, sino también de *construir alianzas clave* dentro de la industria literaria que te permitan expandir tu red y aumentar tu visibilidad.

Cómo construir alianzas clave:

- **Conecta con otros autores**: Los autores no deben verse como competencia, sino como aliados. Colaborar con otros escritores puede abrir puertas a nuevas audiencias. Puedes participar en promociones conjuntas, intercambiar menciones en redes sociales o incluso escribir prólogos o artículos de invitado en los blogs de otros autores.

- **Establece relaciones con librerías y bibliotecas**: Aunque el mundo digital está en auge, las librerías y bibliotecas siguen siendo *centros clave de promoción*. Participar en lecturas, firmas de libros o clubes de lectura te permite estar más cerca de tu audiencia.

- **Trabaja con agencias de relaciones públicas**: Si tienes un presupuesto adecuado, contratar a una agencia de relaciones públicas puede ser una inversión útil. Estas agencias tienen conexiones directas con medios y pueden posicionarte en lugares estratégicos para mejorar tu visibilidad.

Capítulo 9: Mide y mejora tus resultados

9.1 Herramientas de análisis: cómo medir el éxito de tus campañas de marketing

Para que cualquier campaña de marketing sea exitosa, es crucial *medir y analizar los resultados*. Las herramientas de análisis te permiten ver qué estrategias están funcionando, cuáles necesitan ajustes y cómo está respondiendo tu audiencia. Stephen King, por ejemplo, ha mencionado cómo los análisis de ventas y comentarios de sus lectores en plataformas como Amazon y Goodreads le han ayudado a entender mejor las expectativas de su audiencia.

Aquí algunas herramientas clave para medir tu éxito:

- **Google Analytics**: Si tienes una página web de autor o blog, Google Analytics te permite *monitorear el tráfico*, saber de dónde provienen tus visitantes, qué secciones de tu página son las más populares y cuánto tiempo permanecen en tu sitio. Esta información es útil para optimizar tu contenido y asegurarte de que los visitantes encuentren lo que buscan.

- **Amazon KDP Dashboard**: A través del panel de Amazon KDP, puedes ver estadísticas detalladas sobre las ventas de tu libro, incluyendo descargas, reseñas y el rendimiento de las campañas de Amazon Ads. Esto te permite ajustar tus campañas publicitarias y determinar en qué momentos y en qué regiones se están vendiendo más ejemplares.

- **Hootsuite/Buffer Analytics**: Si estás utilizando redes sociales para promocionar tu libro, estas herramientas no solo te permiten programar publicaciones, sino también obtener *informes de análisis* que te muestran las publicaciones más efectivas, el crecimiento de seguidores y la tasa de interacción.

- **Mailchimp**: Si estás utilizando una estrategia de marketing por correo electrónico, plataformas como Mailchimp ofrecen informes detallados sobre la tasa de apertura, los clics y las conversiones generadas a partir de tus correos. Puedes ver qué correos están atrayendo más a los lectores y ajustar tus envíos en consecuencia.

Medir y analizar no solo te permite ver si tus campañas están dando frutos, sino que también te ayuda a tomar decisiones más informadas sobre dónde invertir tu tiempo y recursos.

9.2 Ajustar tu estrategia: qué hacer cuando las ventas no van como esperabas

No todas las campañas de marketing tienen el éxito esperado, y eso está bien. Lo importante es ser flexible y estar dispuesto a ajustar tu estrategia cuando sea necesario. Incluso los autores más exitosos han experimentado momentos en los que las ventas no cumplían con sus expectativas.

Qué hacer cuando las ventas no van bien:

- **Revisa tus palabras clave y anuncios**: Si estás utilizando publicidad en Amazon o redes sociales, revisa si las palabras clave que seleccionaste están atrayendo al público adecuado. Quizás las personas que llegan a tu anuncio no son los lectores ideales para tu tipo de libro. Laura Gallero o Neil Gaiman, por ejemplo, han hablado sobre cómo ajustar las campañas de promoción para atraer a su audiencia específica de fantasía y ciencia ficción.

- **Evalúa la calidad del contenido promocional**: Puede que el contenido de tus anuncios o publicaciones no esté resonando con el público. ¿Tu portada es lo suficientemente atractiva? ¿El mensaje del anuncio refleja el tono y el valor de tu libro? Haz pruebas A/B, donde cambias elementos de tu contenido (imagen, texto, llamada a la acción) y ves qué versión tiene mejores resultados.

- **Diversifica tus canales de promoción**: Si estás concentrando todos tus esfuerzos en una sola plataforma y no está funcionando, intenta diversificar. Por ejemplo, si las ventas en Amazon están estancadas, prueba promocionar tu libro en redes sociales o colaborar con blogs y podcasts especializados en literatura.

- **Ofrece promociones adicionales**: Las ventas lentas pueden ser revitalizadas con ofertas por tiempo limitado, sorteos o descuentos. Joanna Penn, autora y experta en marketing para escritores, recomienda hacer promociones cíclicas para atraer nuevos lectores y revivir el interés en tus libros.

9.3 Innovar en tu marketing: tendencias y nuevas formas de promoción

El mundo del marketing está en constante evolución, y los autores independientes deben estar siempre al tanto de *nuevas tendencias* para mantenerse competitivos. Algunas de estas tendencias pueden ofrecer oportunidades únicas para llegar a nuevas audiencias o diferenciarte de la competencia.

Tendencias actuales en marketing para autores:

- **BookTok (TikTok para libros)**: En los últimos años, TikTok ha ganado popularidad entre los lectores, creando una comunidad activa de recomendación de libros llamada BookTok. Algunos autores han visto cómo sus ventas se disparaban después de que sus libros se volvieran virales en esta plataforma. Si tu público objetivo incluye lectores jóvenes, considerar una estrategia de marketing en TikTok podría abrir nuevas puertas.
- **Audiolibros y podcasts**: La popularidad de los audiolibros sigue creciendo, lo que ofrece una excelente oportunidad para autores independientes. Plataformas como Audible y Findaway Voices permiten a los autores crear versiones de sus libros en formato de audio. Además, participar como invitado en podcasts literarios o crear tu propio podcast puede ayudarte a atraer a una audiencia más amplia.
- **Realidad aumentada y experiencias interactivas**: Algunos autores están experimentando con realidad aumentada (AR) y otras formas de contenido interactivo para ofrecer experiencias inmersivas. Imagina que tus lectores puedan interactuar con personajes o escenas del libro a través de una aplicación AR.

- **NFTs y blockchain**: Aunque todavía es un nicho en el mercado literario, algunos autores están comenzando a explorar los NFTs (tokens no fungibles) como una forma de vender ediciones limitadas de sus libros o crear coleccionables exclusivos para sus lectores más leales.

La clave es estar abierto a probar cosas nuevas y adaptar tu enfoque de marketing a medida que las nuevas tendencias surgen.

9.4 Casos de estudio de autores exitosos: ¿qué puedes aprender de ellos?

Los casos de estudio de autores que han logrado el éxito en marketing son una fuente invaluable de lecciones y estrategias. Estos ejemplos no solo sirven de inspiración, sino que también proporcionan *insights prácticos* sobre lo que funciona en la promoción de libros.

Ejemplos de casos de éxito:

- **Hugh Howey y *Silo***: Hugh Howey, autor de *Silo*, utilizó la autopublicación en Amazon KDP para lanzar su novela por episodios. Aprovechó el poder de las comunidades en línea y permitió a sus lectores acceder a los primeros episodios de forma gratuita, lo que generó interés suficiente para que los lectores quisieran pagar por el resto. Su enfoque permitió que *Silo* se convirtiera en un best-seller y eventualmente fuera adquirido por una gran editorial.
- **Andy Weir y *El marciano***: Andy Weir autopublicó *El marciano* inicialmente como capítulos en su blog, permitiendo que sus lectores ofrecieran comentarios sobre la ciencia detrás de la historia. Este enfoque colaborativo no solo mejoró el libro, sino que también construyó una comunidad comprometida que ayudó a propulsar el éxito del libro cuando finalmente fue publicado en formato impreso.
- **Amanda Hocking y el poder de las redes sociales**: Amanda Hocking, autora de novelas de fantasía juvenil, comenzó promocionando sus libros en redes sociales y utilizando precios bajos para atraer a nuevos lectores. Su éxito es un ejemplo claro de cómo las redes sociales, combinadas con una estrategia de precios accesibles, pueden impulsar a un autor independiente al estrellato.

Estos casos de estudio demuestran que no existe una única fórmula para el éxito. Lo que todos tienen en común es la creatividad, la persistencia y una estrategia de marketing clara.

9.5 Mantén la constancia: el marketing como parte de tu carrera a largo plazo

El marketing no es una actividad única que realizas solo durante el lanzamiento de tu libro. Para ser un autor exitoso, es crucial mantener la constancia y hacer del marketing una parte integral de tu carrera a largo plazo.

Consejos para mantener la constancia en marketing:

- **Crea un plan a largo plazo**: Desarrolla una estrategia de marketing que abarque todo el año, no solo el periodo de lanzamiento. Establece objetivos realistas y metas a corto, mediano y largo plazo.
- **Sigue aprendiendo**: El marketing es un campo en constante cambio. Dedica tiempo a seguir aprendiendo sobre nuevas herramientas, tendencias y estrategias. Participa en talleres, lee blogs especializados y mantente al tanto de las novedades en marketing para autores.
- **Interactúa con tu audiencia**: La conexión con los lectores debe ser continua. Mantén una presencia activa en redes sociales, envía boletines regulares y sigue fomentando el *engagement* con tu comunidad. Brandon Sanderson, por ejemplo, mantiene una conexión constante con sus lectores a través de actualizaciones periódicas, lo que fortalece la lealtad de su base de seguidores.
- **Sé paciente y persistente**: El éxito no siempre llega de inmediato. El marketing requiere tiempo, esfuerzo y paciencia. J.K. Rowling pasó varios años promocionando sus primeros libros antes de convertirse en el fenómeno global que es hoy. La clave es no rendirse y seguir buscando nuevas formas de promocionar tu obra.

Capítulo 10: Más allá del libro: expande tu marca

10.1 Crea productos derivados: cursos, guías y otros formatos

El éxito de un libro puede ser el punto de partida para una marca más amplia. Muchos autores han logrado diversificar su oferta creando productos derivados que complementan sus libros. No solo te permite llegar a una audiencia más amplia, sino que también te ayuda a construir múltiples fuentes de ingresos, algo fundamental para cualquier autor a largo plazo.

Formas de expandir tu marca más allá del libro:

- **Cursos y talleres**: Si eres un experto en un tema o has escrito un libro de no ficción, crear un curso en línea es una excelente manera de ofrecer un valor añadido. Plataformas como Teachable o Udemy te permiten compartir tu conocimiento de manera accesible para tus lectores. Joanna Penn, autora y especialista en autopublicación, ha lanzado múltiples cursos relacionados con la escritura y el marketing, expandiendo su influencia más allá de los libros.
- **Guías y recursos descargables**: Si tu libro es una obra de no ficción, puedes crear guías prácticas, hojas de trabajo o manuales que los lectores puedan descargar como un recurso complementario. Esto no solo te posiciona como un experto en tu nicho, sino que también te permite ofrecer contenido exclusivo.
- **Merchandising**: Si tienes una audiencia comprometida, el merchandising puede ser una opción divertida y lucrativa. Puedes crear camisetas, tazas, posters u otros productos basados en frases o personajes de tu libro. John Green, autor de *Bajo la misma estrella*, lanzó una tienda de merchandising para sus fans, con productos inspirados en sus libros y personajes.

- **Conferencias o charlas**: Ofrecer conferencias en eventos literarios o corporativos te ayuda a ampliar tu visibilidad y conectar con una audiencia que tal vez no te conoce aún. Autores como Elizabeth Gilbert han utilizado su éxito literario como trampolín para impartir charlas y conferencias motivacionales.

10.2 La importancia de los libros en serie: cómo enganchar a tus lectores a largo plazo

Los libros en serie tienen la capacidad de enganchar a los lectores de manera sostenida, creando una base de fans que espera ansiosamente cada nuevo lanzamiento. Publicar libros en serie no solo fideliza a los lectores, sino que también es una excelente manera de incrementar tus ingresos a lo largo del tiempo.

Cómo desarrollar una serie literaria exitosa:

- **Construye un mundo sólido y coherente**: Las series literarias más exitosas, como *Harry Potter* de J.K. Rowling o *Canción de Hielo y Fuego* de George R.R. Martin, tienen mundos bien desarrollados que los lectores quieren explorar una y otra vez. Dedica tiempo a desarrollar un universo rico en detalles que pueda evolucionar con cada nuevo libro.
- **Cliffhangers y arcos narrativos**: Para que los lectores regresen por más, es esencial dejar ganchos emocionales o *cliffhangers* al final de cada libro. Dales a tus lectores razones para querer continuar la serie. Los arcos narrativos que se expanden a lo largo de varios libros, pero con historias autoconclusivas dentro de cada volumen, suelen ser muy efectivos.
- **Promoción continua**: Las series te permiten crear un ciclo de promoción continuo. Cada nuevo lanzamiento te brinda la oportunidad de volver a promocionar los libros anteriores, atrayendo tanto a lectores nuevos como a aquellos que ya están comprometidos con la saga.
- **Conecta con tu audiencia**: Mantén a tus lectores comprometidos entre un libro y otro. Brandon Sanderson, maestro de la fantasía épica, interactúa constantemente con su base de fans, compartiendo actualizaciones sobre sus proyectos y adelantando detalles de próximos libros, lo que mantiene el interés en su serie.

10.3 Adaptaciones a otros medios: cine, televisión y audiolibros

El éxito de un libro puede abrir la puerta a adaptaciones en otros medios, como cine, televisión o audiolibros. Estas adaptaciones no solo aumentan tu visibilidad, sino que también te permiten llegar a un público completamente nuevo.

Cómo lograr que tu libro sea adaptado a otros medios:

- **Audiolibros**: El mercado de los audiolibros ha crecido exponencialmente en los últimos años. Plataformas como Audible o Findaway Voices te permiten convertir tu libro en un audiolibro, lo que te permite llegar a lectores que prefieren escuchar historias. Neil Gaiman ha lanzado la mayoría de sus libros en formato de audiolibro, muchos de ellos narrados por él mismo, lo que añade un atractivo extra para los fans.
- **Cine y televisión**: Para que tu libro sea adaptado al cine o la televisión, es fundamental tener un agente literario que pueda conectarte con productores o estudios interesados. Además, puedes optar por promocionar activamente tu libro en festivales literarios que también atraen a profesionales del cine. Autores como Gillian Flynn (*Perdida*) han visto cómo sus libros se transformaron en éxitos de taquilla al ser adaptados por grandes estudios de Hollywood.
- **Guionización y propuestas**: Si tienes una serie literaria o una novela con un alto potencial visual, crear una propuesta de guion o una sinopsis adaptada al formato audiovisual puede aumentar tus probabilidades de atraer el interés de productores o guionistas.

10.4 Construir una comunidad de seguidores leales

Uno de los activos más valiosos para un autor es su comunidad de seguidores leales. Esta comunidad no solo apoyará tus futuros lanzamientos, sino que también se convertirá en tu mayor promotora, recomendando tus libros a otras personas.

Estrategias para construir una comunidad sólida:

Interacción constante: Ya sea a través de redes sociales, boletines por correo electrónico o tu blog, mantener una conversación constante con tus seguidores es fundamental. John Scalzi, autor de ciencia ficción, es conocido por interactuar regularmente con sus lectores en redes sociales y su blog, lo que ha generado una comunidad activa y comprometida.

- **Contenido exclusivo**: Ofrecer contenido exclusivo a tus seguidores más leales puede aumentar su sentido de pertenencia. Puedes ofrecer adelantos de capítulos, materiales inéditos o incluso sesiones de preguntas y respuestas solo para tu comunidad.
- **Fomenta la participación**: Organiza concursos, sorteos o desafíos relacionados con tu libro. Permite que tus seguidores participen en el proceso creativo o en la promoción, lo que fortalecerá su conexión contigo. Patrick Rothfuss organiza regularmente eventos con su base de fans donde involucra a la comunidad en el mundo de su serie *Crónica del asesino de reyes*.
- **Grupos de lectores**: Crear grupos de lectura en plataformas como Facebook o Goodreads permite a los lectores compartir sus opiniones y experiencias sobre tu libro, lo que fomenta una comunidad activa y genera visibilidad orgánica.

10.5 Reflexiones finales: El viaje del autor hacia el éxito

Reflexiones clave sobre el camino hacia el éxito literario:

- **La persistencia como motor del éxito:** El camino de un autor está plagado de rechazos, críticas y desafíos. Sin embargo, son estos momentos los que definen la trayectoria literaria. JK Rowling fue rechazada por 12 editoriales antes de que *Harry Potter* viera la luz, y Stephen King recibió decenas de cartas de rechazo, que clavaba en una pared como símbolo de su perseverancia. En palabras del escritor español Arturo Pérez-Reverte: "La derrota es la única lección imprescindible para escribir bien. Escribir es volver a levantarse cada día, incluso cuando nadie te espera". Persistir, aprender de los errores y ajustar el rumbo son actitudes esenciales para superar los obstáculos iniciales y seguir adelante con determinación.

- **La autenticidad como brújula creativa:** En un mundo saturado de contenidos, lo que destaca es la voz única de cada autor. Mantenerse fiel a tus valores, estilo y pasión narrativa es lo que genera resonancia con los lectores. Rosa Montero, referente en la literatura contemporánea española, asegura: "Escribir es intentar entenderse a uno mismo y al mundo. Si no eres sincero, el lector lo nota". De la misma manera, los *influencers* literarios de hoy, como el mexicano Alberto Villarreal (@AbriendoLibros), destacan que la conexión auténtica con el lector está en escribir lo que amas y no lo que cree que los demás esperan de ti.
- **El poder de la comunidad:** Más allá de las ventas, el apoyo de una comunidad fiel de lectores es fundamental. Los clubes de lectura, las redes sociales y las interacciones en eventos literarios permiten construir relaciones profundas con quienes valoran tu obra. El escritor y podcaster español César Brandon, que saltó a la fama desde Got Talent y se ha mantenido conectado con su audiencia, lo resume así: "La poesía me acercó a las personas, y las personas me acercaron a mí mismo". Cultivar esa comunidad es esencial para convertir lectores en embajadores de tu marca.
- **Innovar para destacar:** El éxito literario no se queda en las páginas de un libro. Explorar otros formatos, como audiolibros, adaptaciones cinematográficas, novelas gráficas o incluso cursos basados en tus obras, puede abrir nuevas puertas. La autora chilena Isabel Allende, quien ha visto varias de sus novelas adaptadas al cine, reflexiona: "El libro no muere en el papel. El arte de contar historias sigue transformándose". En el panorama actual, *influencers* como Mariana Eguaras, experta en autoedición y publicación digital, recomiendan que los autores experimenten con plataformas como Kindle, audiolibros en Audible y contenido serializado en redes sociales como Instagram y TikTok.
- **El equilibrio entre el arte y el negocio:** Aunque el aspecto comercial es crucial para sostener una carrera literaria, nunca debe eclipsar el amor por el arte de escribir. Samanta Schweblin, escritora argentina finalista del Premio Booker, advierte: "Hay que proteger el proceso creativo, no permitir que las exigencias externas contaminen la honestidad

de lo que escribe". Encontrar un equilibrio entre tus metas financieras y tu pasión creativa garantiza que disfrutes del proceso sin perder de vista lo que te llevó a ser escritor en primer lugar.

El viaje como autor: más allá de la publicación

El éxito literario es un concepto subjetivo. Para algunos, puede significar ventas millonarias o el reconocimiento internacional; para otros, simplemente llegar al corazón de un lector. Como afirma el escritor Juan Gabriel Vásquez: "El éxito no es tener muchos lectores colombianos, sino tener los lectores adecuados, aquellos que encuentren en tus palabras lo que están buscando". Lo importante es que cada paso en este camino es una oportunidad para crecer, aprender y expandir tus horizontes.

El autor español Javier Castillo, que ha conquistado millones de lectores con thrillers como *El día que se perdió la cordura*, explica: "El secreto es nunca perder de vista que escribes para emocionar. Si lo que haces no te emociona a ti, difícilmente llegará a otros". Publicar un libro es solo el comienzo de una aventura mucho más amplia.

Construir una marca literaria que perdure implica cultivar una visión a largo plazo, trabajar con dedicación y mantener la pasión intacta. En palabras del poeta uruguayo Mario Benedetti: "El que no inventa, no vive". Más allá de los premios, las listas de ventas y las adaptaciones, el legado de un autor se mide por el impacto que sus palabras dejan en quienes las leen.

Una invitación final: conectarse con el lector del futuro

El camino hacia el éxito no solo se trata de escribir historias, sino de vivirlas. La literatura es un puente que conecta generaciones, culturas y emociones. En este viaje, el mayor triunfo no es solo construir una carrera exitosa, sino ser grabado como alguien que lo inspiró, emocionó y dejó huella. Como dijo Gabriel García Márquez: "El secreto de una buena vejez no es otra cosa que un pacto honrado con la soledad". En el caso de los autores, ese pacto se traduce en la inmortalidad de sus palabras.

ANEXOS

Recursos útiles para autores: plataformas, herramientas y servicios

Aquí encontrarás una lista de herramientas y plataformas recomendadas para diferentes aspectos del proceso de autopublicación y promoción de libros.

Amazon KDP (Kindle Direct Publishing): Plataforma líder para la autopublicación de libros electrónicos e impresos bajo demanda. Ofrece herramientas para la promoción como KDP Select y Kindle Unlimited.

IngramSpark: Plataforma de distribución global para libros impresos y electrónicos. Ideal para autores que desean una amplia distribución en librerías físicas y digitales.

Scrivener: Software de escritura diseñado para organizar grandes proyectos literarios. Muy útil para la planificación y redacción de novelas complejas o series.

Vellum: Herramienta para formatear libros electrónicos e impresos de manera profesional sin conocimientos técnicos avanzados.

Grammarly: Corrector gramatical que ayuda a mejorar la calidad de tu escritura, tanto en estilo como en gramática.

Hootsuite/Buffer: Herramientas de gestión de redes sociales que permiten programar publicaciones en varias plataformas y analizar el rendimiento de tu contenido.

Mailchimp: Plataforma de marketing por correo electrónico que te permite crear boletines y gestionar listas de suscriptores.

Canva: Herramienta de diseño gráfico intuitiva que facilita la creación de portadas, gráficos promocionales y contenido visual para redes sociales.

Teachable/Udemy: Plataformas de cursos en línea ideales para autores que desean ofrecer contenido educativo relacionado con sus libros.

Patreon: Plataforma de membresías para creadores, donde los autores pueden recibir apoyo financiero directo de sus seguidores a cambio de contenido exclusivo.

Modelos de sinopsis, comunicados de prensa y correos electrónicos

Aquí te ofrecemos ejemplos que puedes adaptar a tu propia obra para promoverla eficazmente.

Modelo de Sinopsis:

Título: El Último Viaje

Sinopsis:

En un mundo devastado por el cambio climático, donde los océanos han devorado gran parte de la tierra, un grupo de supervivientes inicia un viaje hacia una isla legendaria que, según las leyendas, alberga la última oportunidad para la humanidad. Entre ellos, Sofía, una joven médica, y Marco, un ex-soldado, deben confrontar no solo los peligros del mar, sino también los secretos oscuros que cada uno guarda. *El Último Viaje* es una historia de esperanza, sacrificio y redención en medio de un apocalipsis acuático.

Modelo de Comunicado de Prensa:

Título: Lanzamiento de "El Último Viaje", una nueva novela distópica de aventura y redención

Cuerpo:

[Fecha y lugar] – La autora [Tu nombre] se complace en anunciar el lanzamiento de su última novela, *El Último Viaje,* una emocionante historia de supervivencia en un mundo sumergido por las aguas. Esta novela lleva al lector a una travesía épica donde la humanidad enfrenta su última esperanza. Inspirada por las crisis ambientales actuales, la obra mezcla aventura, drama humano y temas de redención. [Nombre del autor] invita a los lectores a explorar esta historia que desafía los límites de la esperanza en tiempos oscuros.

Para más información, reseñas o entrevistas, por favor contactar a [Nombre del contacto, correo electrónico y teléfono].

Modelo de Correo Electrónico:

Asunto: ¡Descubre mi nueva novela "El Último Viaje"!
Estimado/a [nombre del destinatario],

Me complace mucho compartir contigo el lanzamiento de mi nueva novela, *El Último Viaje*, una historia llena de aventura y esperanza en un mundo donde los océanos han devorado la tierra. Estoy segura de que esta travesía te atrapará desde la primera página. Si estás interesado/a en recibir una copia anticipada o colaborar para reseñas, estaré encantado/a de proporcionarte más detalles.

Gracias por tu tiempo y apoyo.

Saludos cordiales,

[Tu nombre]

[Tu contacto]

Listado de blogs, *influencers* y medios literarios para contactar

Este es un listado de sitios y personas clave en la promoción de libros, especialmente para autores autopublicados.

- **Goodreads**: Plataforma social para amantes de los libros. Ideal para conectar con lectores, organizar sorteos y participar en comunidades literarias.
- **BookBub**: Plataforma que envía recomendaciones de libros con descuento a millones de suscriptores. Es excelente para promociones de libros electrónicos.
- **Reedsy Discovery**: Plataforma que permite a autores independientes enviar sus libros a reseñadores antes del lanzamiento.
- **NetGalley**: Plataforma que permite a autores y editoriales enviar copias anticipadas a reseñadores y bibliotecarios.
- **Book Riot**: Un blog literario muy popular que cubre libros de todos los géneros. Acepta recomendaciones y colaboraciones para autores.
- **The Creative Penn (Joanna Penn)**: Blog y podcast sobre escritura, autopublicación y marketing. Ideal para aprender estrategias de promoción.

BookTube Channels:

- *PeruseProject* **(Reagan)**: Especializada en reseñas y recomendaciones de libros de fantasía y ficción.
- *BooksandLala*: Reseñas y análisis de libros, con un enfoque en autores independientes.

Bookstagram Accounts:

- @bookbaristas: Perfil dedicado a compartir recomendaciones y novedades literarias.
- @bookishfeatures: Ideal para visibilizar lanzamientos de libros mediante reseñas y fotos atractivas.

Glosario de términos de marketing y autopublicación

Audiolibro: Versión en formato de audio de un libro, narrado por un actor o por el propio autor.

Amazon KDP (Kindle Direct Publishing): Plataforma de autopublicación de Amazon, que permite a los autores publicar y vender sus libros en formato electrónico e impreso.

Autopublicación: El proceso de publicar un libro por cuenta propia sin la intervención de una editorial tradicional.

BookBub: Servicio que promociona libros a través de correos electrónicos, principalmente libros en oferta o gratuitos.

Bookstagram: Comunidad de Instagram dedicada a compartir reseñas, fotos y recomendaciones de libros.

BookTube: Comunidad de YouTube centrada en la creación de contenido relacionado con libros, como reseñas y recomendaciones.

Crowdfunding: Proceso de financiamiento a través de pequeñas aportaciones de muchas personas, comúnmente a través de plataformas como Kickstarter.

Distribución: El proceso de poner tu libro disponible para la venta a través de diferentes canales, ya sea en formato físico o digital.

Ebook: Un libro en formato digital que puede leerse en dispositivos electrónicos como e-readers, tabletas o teléfonos móviles.

ISBN (International Standard Book Number): Número de identificación único para libros, necesario para su distribución en tiendas y bibliotecas.

Landing Page: Página web diseñada específicamente para convertir visitantes en suscriptores o compradores. Se usa frecuentemente para la promoción de libros.

Royalties: Porcentaje de las ventas de un libro que recibe el autor.

Scrivener: Software especializado para la escritura y organización de proyectos literarios, utilizado por muchos escritores.

I.S.B.N.: 978-84-1337-964-7

DULCE MARÍA ALCARAZ

PROTEGE A TUS HIJOS EN INTERNET Y EN APLICACIONES MÓVILES

Es importante que los padres se tomen el tiempo para explorar las aplicaciones que sus hijos utilizan, familiarizándose con sus funciones y configuraciones de privacidad. Esto no solo les permitirá conocer mejor el contenido al que están expuestos sus hijos, sino que también les dará la oportunidad de establecer límites saludables y filtros de seguridad apropiados. Además, los padres deben aprovechar estos momentos para abrir un diálogo regular con sus hijos sobre lo que ven y experimentan en línea. Hablar con ellos sobre lo que aprenden, sobre los videos que les interesan, o sobre las interacciones que tienen en plataformas sociales es esencial para mantener una supervisión activa sin caer en el control excesivo.